AF258185

L3h
85

VINGT-QUATRE

TABLEAUX.

EXPLICATION DES ABRÉVIATIONS.

B. pour Bataille. — C. pour Combat. — C. N. pour Combat naval. — P. pour Prise. — Pge pour Passage.

28 juillet 1833.

VINGT-QUATRE

TABLEAUX;

PRÉSENTANT JOUR PAR JOUR

LES COMBATS, SIÉGES, BATAILLES ET VICTOIRES DES FRANÇAIS,

DEPUIS LE 30 JANVIER 1792, JUSQU'AU 16 JUIN 1815;

SUIVI DE

L'ENFANT DE LA VIEILLE GARDE

ET DE

L'INAUGURATION DE LA STATUE DE L'EMPEREUR

NAPOLÉON.

PARIS,

Chez GERMAIN-MATHIOT, LIBRAIRE,

Rue de l'Hirondelle, n° 22, près le pont Saint-Michel.

—

1834.

1ᵉʳ *Tableau.*

JANVIER.

DATE.		BATAILLE ou COMBAT.	GÉNÉRAL.	ENNEMIS.
1	1799	C. de Quathiez.	Samson.	Égyptiens.
	1812	P. de Tortose.	Suchet.	Espagnols.
2	1793	C. d'Hocheim.	Honch. Sédill.	Prussiens.
	1809	C. de Cacabella.	Colbert.	Espagnols.
3	1807	P. de Breslaw.	Jérôme Bonap.	Prussiens.
	1794	C. de Germesheim.	Hoche.	Alliés.
4	1795	P. d'Heusden.	Pichegru.	Hollandais.
	1801	C. de Saint Albetos.	Macdonald.	Italiens.
5	1799	B. d'Otricoli.	Macdonald.	Napolitains.
	1801	C. de Montebello.	Brune.	Autrichiens.
6	1794	P. de Worms.	Hoche.	Alliés.
	1799	C. de Samanouth.	Kléber.	Égyptiens.
7	1794	P. de Creutznach.	Joubert.	Autrichiens.
	1801	P. de Trente.	Macdonald.	Autrichiens.
8	1795	P. du fort du Bouton-de-Rose.	Pérignon.	Espagnols.
	1799	P. de Gaëte.	Championnet.	Napolitains.
9	1795	P. d'Amsterdam.	Pichegru.	Angl.-Holl.
	1812	P. de Valence.	Suchet.	Espagnols.
10	1799	P. de Capoue.	Championnet.	Napolitains.
	1807	C. de Wollin.	Mortier.	Prussiens.
11	1801	P. de Bassano.	Moncey.	Autrichiens.
	1809	C. de Cuenca.	Lat.-Maubourg.	Espagnols.
12	1797	P. de Mantoue.	Bonaparte.	Autrichiens.
	1794	C. d'Ispegny.	Laroche.	Espagnols.
13	1797	C. de Saint-Michel.	Masséna.	Autrichiens.
	1809	B. d'Uclès.	Victor.	Espagnols.
14	1797	B. de Rivoli.	Bonaparte.	Autrichiens.
	1801	C. de Saint-Martin.	Werlé, Miollis.	Piémontais.
15	1794	Reprise du fort Vauban.	Marchand.	Autrichiens.
	1797	C. d'Anghiari.	Augereau.	Italiens.
16	1797	B. de la Favorite.	Bonaparte.	Autrichiens.

2ᵉ *Tableau.*

SUITE DE JANVIER.

DATE.		BATAILLE ou COMBAT.	GÉNÉRAL.	ENNEMIS.
16	1797	C. de Saint-Georges.	Miollis.	Autrichiens.
17	1795	P. d'Utrecht.	Salm.	Hollandais.
	1809	B. de la Corogne.	Soult.	Angl.-Esp.
18	1795	C. de Grebbé.	Macdonald.	Anglais.
	1795	P. de Gertruydenberg.	Bonneau.	Hollandais.
19	1810	C. de Collado.	Mortier.	Espagnols.
	1799	C. d'Averda.	Broussier.	Napolitains.
20	1810	C. de Saint-Estevan.	Sébastiani.	Espagnols.
	1811	C. de Talavéra le Réal.	Briche.	Espagnols.
21	1794	P. de Dordrecht.	Bonneau.	Hollandais.
	1795	P. de Gorcum.	Macdonald.	Angl.-Holl.
22	1795	P. de Voerden.	Macdonald.	Hollandais.
	1794	P. de Rotterdam.	Bonneau.	Hollandais.
3	1795	P. de LA HAYE.	Pichegru.	Hollandais.
	1799	C. de Castello.	Kellermann.	Napolitains.
24	1807	C. de Mohringen.	Bernadotte.	Russes.
	1812	C. d'Altafouilla.	Maurice-Math.	Espagnols.
25	1797	C. de Bassano.	Masséna.	Italiens.
	1799	P. de NAPLES.	Championnet.	Napolitains.
26	1797	C. de Capenodolà.	Masséna.	Italiens.
	1810	B. de SIERRA-MORENA.	Soult.	Espagnols.
27	1797	C. d'Avio.	Joubert.	Autrichiens.
	1814	C. de Saint-Dizier.	Napoléon.	Alliés.
28	1797	C. de Torbole.	Murat.	Italiens.
	1810	C. d'Alcala-Réal.	Sébastiani.	Espagnols.
29	1811	C. de Molina.	Paris.	Espagnols.
	1814	B. de Brienne.	Napoléon.	Alliés.
30	1792	P. de Demerary.	de Kersain.	Anglais.
	1799	C. de Bernicouef.	Marmont.	Égyptiens.
31	1795	P. de Roses.	Pérignon.	Espagnols.
	1810	P. de SÉVILLE.	Victor.	Espagnols.

3ᵉ *Tableau.*

FÉVRIER.

DATE.		BATAILLE ou COMBAT.	GÉNÉRAL.	ENNEMIS.
1	1807	C. de Willemberg.	Murat.	Prussiens.
	1814	C. du pont de Rosnoy.	Marmont.	Autrichiens.
2	1814	C. d'Anvers.	Carnot.	Anglais.
	1814	C. de Sens.	Allix.	Alliés.
3	1807	C. de Bergfrid.	Napoléon.	Russes.
	1797	P. de Trente.	Joubert.	Autrichiens.
4	1812	P. de Péniscola.	Serveroli.	Espagnols.
	1807	C. de Schlett.	Lasalle.	Prussiens.
5	1807	C. de Watersdorf.	Murat et Ney.	Russes.
	1793	C. de Luceron.	Biron.	Espagnols.
6	1806	P. de Capoue.	Joseph Bonap.	Italiens.
	1807	C. de Hoff.	Hautpoult.	Russes.
7	1811	C. de Badajoz.	Mortier.	Espagnols.
	1810	C. de Vich.	Suchet.	Espagnols.
8	1807	B. d'Eylau.	Napoléon.	Russ.-Pruss.
	1814	B. du Mincio.	Eugène.	Autrichiens.
9	1799	C. d'El.-Arysch.	Régnier, Legr.	Mamelucks.
	1799	C. de Kené.	Couroux.	Egyptiens.
10	1814	C. de Champaubert.	Napoléon.	Russes.
	1814	C. de Borghetto.	Eugène.	Autrichiens.
11	1814	B. de Montmirail.	Napoléon.	Alliés.
	1811	P. du fort Pradoleras.	Gerain.	Espagnols.
12	1814	C. de Vauchamp.	Marmont.	Alliés.
	1814	C. de Château-Thierry.	Napoléon.	Alliés.
13	1799	C. de la Syène.	Desaix.	Mamelucks.
	1814	C. de Villafranca.	Bonnemain.	Italiens.
14	1813	C. de Kalitch.	Regnier.	Russes.
	1814	C. d'Orléans.	Chasserau.	Alliés.
15	1807	C. de la Narrew.	Napoléon.	Russes.
	1814	C. de Janvilliers.	Napoléon.	Alliés.
16	1807	C. d'Ostrolenka.	Savary.	Russes.

4ᵉ Tableau.

Suite de FÉVRIER.

DATE.		BATAILLE ou COMBAT.	GÉNÉRAL.	ENNEMIS.
16	1794	P. d'Ogertheim.	Desaix.	Alliés.
17	1814	C. de Nangis.	Napoléon.	Alliés.
	1799	C. d'Aboumana.	Friant.	Arabes.
18	1814	B. de Montereau.	Napoléon.	Alliés.
	1809	C. de Maya-Guana.	Ausenac.	Espagnols.
19	1811	B. de Gokbora.	Soult et Mortier	Espagnols.
	1814	C. de Fontainebleau.	Allix.	Alliés.
20	1795	P. de Groningue.	Macdonald.	Anglais.
	1798	C. de Bienne.	Schawenberg.	Autrichiens.
21	1809	P. de Saragosse.	Lasnes.	Espagnols.
	1814	Combat de Méry-sur-Seine.	Napoléon.	Alliés.
22	1802	C. des Gonaïves.	Lambert.	Noirs.
	1798	P. de Rome.	Berthier.	Italiens.
23	1809	C. de Madridejos.	Sébastiani.	Espagnols.
	1807	C. de Dirschau.	Dombrowski.	Prussiens.
24	1795	P. de Bréda.	Daiçon.	Hollandais.
	1814	C. de Saint Paar.	Kellermann f.	Alliés.
25	1803	C. naval de la Sémillante.	Motard.	Anglais.
	1807	C. de Péterswalde.	Leger Belair.	Prussiens.
26	1799	P. de Gaza.	Bonaparte.	Turcs.
	1807	C. de Braunsberg.	Dupont.	Prussiens.
27	1814	Combat de Bar-sur-Aube.	Napoléon.	Alliés.
	1798	C. de Buren.	Brune.	Suisses.
28	1795	C. de Colla-Bassa.	Brunet, Dagob.	Piémontais.
	1814	C. de Sézanne.	Napoléon.	Alliés.

5ᵉ *Tableau.*

MARS.

DATE.		BATAILLE ou COMBAT.	GÉNÉRAL.	ENNEMIS.
1	1799	P. de Nizza.	Grouchy.	Piémontais.
	1814	C. de Guastalla.	Eugène.	Autrichiens.
2	1798	Prise de FRIBOURG.	Pigeon.	Suisses.
	1814	C. de Parme.	Grenier.	Autrichiens.
3	1799	C. de Souhama.	Friant.	Egyptiens.
	1814	C. de Troyes.	Napoléon.	Alliés.
4	1793	P. de Gertruydemberg.	Darçon.	Hollandais.
	1795	C. de Bentheim.	Moreau.	Anglais.
5	1798	C. de Neveneck.	Rampon.	Suisses.
	1802	B. de Plaisance.	Dessourneaux.	Coalisés.
6	1799	P. de Jaffa.	Bonaparte.	Egyptiens.
	1799	C. des Gorges de Steig.	Masséna.	Autrichiens.
7	1799	C. de Coire.	Masséna.	Suisses.
	1814	B. de CRAONNE.	Napoléon.	Alliés.
8	1814	P. d'Etouvelle.	Napoléon.	Alliés.
	1814	P. de Berg-og-zoom.	Bizamet.	Hollandais.
9	1799	C. de Coptos.	Belliard.	Mamelucks.
	1806	C. de Saint-Martin.	Partouneaux.	Napolitains.
10	1799	P. de FLORENCE.	Gauthier.	Napolitains.
	1814	C. de Castellaro.	Freissinet.	Autrichiens.
11	1811	P. de Badajoz.	Mortier, Soult.	Espagnols.
	1797	C. de la Piave.	Serrurier.	Autrichiens.
12	1801	C. d'Alexandrie.	Friant.	Anglais.
	1810	C. d'Arroyo del Puerco.	Foy.	Espagnols.
13	1797	C. de Beliurn.	Masséna.	Autrichiens.
	1814	C. de Reims.	Napoléon.	Alliés.
14	1807	C. près Stralsund.	Bernadotte.	Suédois.
	1799	C. de Bordeyn.	Duranteau.	Egyptiens.
15	1799	C. de Schulz.	Lecourbe.	Autrichiens.
	1799	C. de Korsoum.	Bonaparte.	Egyptiens.
16	1793	C. de Tirlemont.	Dumouriez.	Autrichiens.

6ᵉ *Tableau.*

Suite de MARS.

DATE.		BATAILLE ou COMBAT.	GÉNÉRAL.	ENNEMIS.
16	1797	B. du Tagliamento.	Bonaparte.	Autrichiens.
17	1793	C. de Bingen.	Custine.	Prussiens.
	1807	C. de Glatz.	Gérard.	Prussiens.
18	1811	C. de Puelo.	Valleteau.	Espagnols.
	1801	C. de Béda.	d'Estaing.	Egyptiens.
19	1807	C. d'Astadt.	Loison.	Prussiens.
	1809	C. de Draga.	Soult.	Portugais.
20	1800	B. d'Héliopolis.	Kléber.	Turcs.
	1814	B. d'Arcis.	Napoléon.	Russes.
21	1800	C. de Frichoff.	Schramm.	Egyptiens.
	1811	C. de Campo-Major.	Mortier.	Espagnols.
22	1793	C. de Pellemberg.	Champmorin.	Autrichiens.
	1809	C. de Guimaurens.	Jardon.	Espagnols.
23	1800	C. de Coraïm.	Kléber.	Turcs.
	1797	C. de Brixen.	Joubert.	Autrichiens.
24	1797	P. de Trieste.	Guyeux.	Autrichiens.
	1799	P. de Livourne.	Miollis.	Autrichiens.
25	1814	C. de La Fère (Champagne.)	Napoléon.	Iliés.
	1810	C. d'Etrouquillo.	Gazan.	Espagnols.
26	1799	B. de Sainte-Lucie.	Scherer.	Autrichiens.
	1814	C. de Saint-Dizier (2ᵉ).	Napoléon.	Alliés.
27	1809	B. de Ciudad-Réal.	Sébastiani.	Espagnols.
	1799	C. d'Andria.	Broussier.	Napolitains.
28	1797	C. de Mittewald.	Joubert.	Autrichiens.
	1809	B. de Médelin.	Victor.	Anglais.
29	1797	C. de Klagenfurth.	Joubert.	Autrichiens.
	1809	B. d'Oporto.	Soult.	Ang.-Portug
30	1793	C. d'Oberflersheim.	Custine.	Prussiens.
	1798	B. de Sédiman.	Desaix.	Mamelucks.
31	1797	C. de Sterzing.	Joubert.	Tyroliens.
	1798	C. de Belbeys.	Kléber.	Turcs.

7ᵉ Tableau.

AVRIL.

DATE.		BATAILLE ou COMBAT.	GÉNÉRAL.	ENNEMIS.
1	1809	C. de Pénafield.	Caulaincourt.	Portugais.
	1797	P. de Laybach.	Bernadotte.	Autrichiens.
2	1799	C. de Byr-el-Baar.	Davoust.	Egyptiens.
	1799	C. de Lax.	Xaintrailles.	Grisons.
3	1799	P. de Tyr.	Vial.	Egyptiens.
	1797	C. de Kumdemarch.	Bonaparte.	Autrichiens.
4	1807	C. de Kalberg.	Schramm.	Prussiens.
	1800	C. de Choa-ra.	Belliard.	Egyptiens.
5	1813	C. de Mockern.	Grenier.	Prussiens.
	1799	C. de Bardis.	Morand.	Arabes.
6	1794	C. d'Hendaye.	Fregeville.	Espagnols.
	1813	C. de Valencia.	Boyer.	Espagnols.
7	794	P. de Bréglio.	Macquart.	Piémontais.
	1800	C. de Monte-Facio.	Miollis.	Autrichiens.
8	1794	P. d'Oneille.	Dumerbion.	Piémontais.
	1799	C. de Nazareth.	Junot.	Arabes.
9	1796	C. de Voltri.	Cervoni.	Autrichiens.
	1800	Passage du MONT-SAINT-BERNARD.	Bonaparte.	Autrichiens.
10	1794	C. de Monteilla.	Dagobert.	Espagnols.
	1814	B. de TOULOUSE.	Soult.	Anglais.
11	1796	C. de Montelisimo.	Rampon.	Piémontais.
	1796	B. de MONTENOTTE.	Bonaparte.	Aust.-Sardes
12	1799	C. de Saffet.	Murat.	Egyptiens.
	1813	C. de Biard.	Suchet.	Anglais.
13	1810	C. de Sancta-Catharina.	Laplane.	Espagnols.
	1796	C. de Cossaria.	Bonaparte.	Autrichiens.
14	1796	B. de MILLESIMO.	Bonaparte.	Autrichiens.
	1796	C. de San Giovani.	Rusca.	Autrichiens.
15	1794	C. de Tiferdange.	Charbonnier.	Alliés.
	1796	C. de Dégo.	Bonaparte.	Aust.-Sardes
16	1799	B. du MONT-THABORD.	Kléber.	Turcs.

8e *Tableau.*

Suite d'AVRIL.

DATE.		BATAILLE ou COMBAT.	GÉNÉRAL.	ENNEMIS.
16	1794	C. de Ponte-di-Nava.	Masséna.	Autrichiens.
17	1807	C. d'Unkermunde.	Veau.	Suédois.
	1800	P. de Sac et Boulac.	Friant.	Egyptiens.
18	1797	B. de Neuwied.	Hoche.	Autrichiens.
	1799	C. de Beny-a-dy.	Davoust.	Arabes.
19	1809	B. de Tann.	Davoust.	Autrichiens.
	1800	C. de Voltri.	Masséna.	Autrichiens.
20	1809	B. d'Abensberg.	Napoléon.	Autrichiens.
	1797	B. de Diersheim.	Moreau.	Autrichiens.
21	1795	B. de Mondovi.	Napoléon.	Piémontais.
	1809	C. de Suez.	Masechi.	Ara. et Ang.
22	1809	B. d'Eckmühl.	Napoléon.	Autrichiens.
	1797	C. de Litchtenau.	Saint-Cyr.	Autrichiens.
23	1810	C. de Lérida.	Mouton.	Espagnols.
	1809	P. de Ratisbonne.	Napoléon.	Autrichiens.
24	1794	C. de Bascara.	Pérignon.	Espagnols.
	1797	P. de Kehl.	Moreau.	Autrichiens.
25	1796	P. d'Alba.	Augereau.	Italiens.
	1796	P. de Chérasco.	Masséna.	Piémontais.
26	1794	P. de Courtray.	Souham.	Autrichiens.
	1794	C. d'Argneguy.	Harida.	Espagnols.
27	1800	P. du Caire.	Bonaparte.	Egyptiens.
	1807	C. du Kakelsberg.	Puthod.	Prussiens.
28	1794	B. du Tech.	Dugommier.	Espagnols.
	1800	C. de Chivasso.	Lasnes.	Piémontais.
29	1794	B. de Moescroen.	Moreau, Picheg.	Autrichiens.
	1800	C. de Waldshut.	Richepanse.	Autrichiens.
30	1794	B. des Albères.	Dugommier.	Espagnols.
	1809	C. de Caldero.	Eugène.	Autrichiens.

9ᵉ *Tableau.*

MAI.

DATE.		BATAILLE ou COMBAT.	GÉNÉRAL.	ENNEMIS.
1	1809	C. de Ried.	Oudinot.	Autrichiens.
	1813	C. de Poserma.	Ney.	Alliés.
2	1813	B. de Lutzen.	Napoléon.	Alliés.
	1809	C. d'Amarante.	Soult.	Portugais.
3	1800	B. d'Engen.	Moreau.	Autrichiens.
	1810	C. de Figuères.	Baraguey d'Hil.	Espagnols.
4	1809	C. d'Ebersberg.	Oudinot.	Autrichiens.
	1811	C. du Fort Oliva.	Napoléon.	Espagnols.
5	1800	B. de Mœskirck.	Moreau.	Autrichiens.
	1813	B. d'Onnoro.	Ney.	Aust.-Russes
6	1794	C. de Saint-Laurent.	Augereau.	Espagnols.
	1812	C. de Santona.	Ch. Lameth.	Espagnols.
7	1794	P. de Saorgio.	Masséna.	Piémontais.
	1807	P. de l'île d'Holm.	Drouet d'Erl.	Prussiens.
8	1809	B. de la Piave.	Eugène.	Autrichiens.
	1795	C. de Marquirnechu.	Marbot.	Autrichiens.
9	1796	C. de Fombio.	Bonaparte.	Espagnols.
	1800	B. de Biberach.	Moreau.	Autrichiens.
10	1796	B. du Pont de Lodi.	Bonaparte.	Autrichiens.
	1794	C. du Thuin.	Marceau.	Autrichiens.
11	1809	C. de Saint-Daniel.	Eugène.	Italiens.
	1809	C. de Strub-Pass.	Lefebvre.	Autrichiens.
12	1800	C. de Memmingen.	Lecourbe.	Autrichiens.
	1807	C. de Cauth.	Damuy.	Prussiens.
13	1807	C. de Wiskowo.	Le Marrois.	Russes.
	1809	C. de Vœrgel.	Lefebvre.	Autrichiens.
14	1809	C. d'Alcantara.	Victor.	Anglais.
	1810	P. de Lérida.	Suchet.	Espagnols.
15	1796	P. de Milan.	Bonaparte.	Italiens.
	1807	B. de Weischelmunde.	Lasnes.	Russes.
16	1811	B. d'Albuera.	Soult.	Espagnols.

10e *Tableau.*

Suite de MAI.

DATE.		BATAILLE ou COMBAT.	GÉNÉRAL.	ENNEMIS.
16	1809	C. du Mont Kitta.	Marmont.	Autrichiens.
17	1809	P. de Malborghetto.	Eugène.	Autrichiens.
	1809	C. de Gradschatz.	Marmont.	Autrichiens.
18	1794	B. de Turcoing.	Souham.	Hollandais.
	1800	C. de Châtillon.	Lasnes.	Autrichiens.
19	1800	B. de Bassignana.	Moreau.	Autrichiens.
	1813	C. de Weissig.	Bertrand.	Alliés.
20	1810	C. de Varollo.	Lechi.	Autrichiens.
	1813	B. de BAUTZEN.	Napoléon.	Allemands.
21	1809	B. d'ESLING.	Napoléon.	Autrichiens.
	1813	B. de Wurtchen.	Napoléon.	Alliés.
22	1800	C. de Clavières.	Thureau.	Russes.
	1809	C. de Gospich.	Marmont.	Autrichiens.
23	1794	C. de Schifferstadt.	Michaud.	Allemands.
	1807	P. de DANTZIG.	Lefebvre.	Pruss.-Russ.
24	1794	C. de Lobbes.	Kléber.	Autrichiens.
	1800	C. de Brégentz.	Lecourbe.	Helvétiens.
25	1799	B. de Winther-thur.	Thureau.	Autrichiens.
	1809	C. d'Ottochatz.	Delzons.	Autrichiens.
26	1794	C. de Collioure.	Dugommier.	Espagnols.
	1800	C. de la Chiusella.	Lasnes.	Autrichiens.
27	1794	P. de Dinant.	Jourdan.	Autrichiens.
	1799	C. de Castellamare.	Macdonald.	Napolitains.
28	1800	C. du Pont du Var.	Suchet.	Autrichiens.
	1807	C. de Reggio.	d'Espagne.	Napolitains.
29	1798	P. de Cosseïr.	Belliard.	Egyptiens.
	1811	P. d'Oliva.	Suchet.	Espagnols.
30	1796	Passage du Mincio.	Gardanne.	Italiens.
	1796	C. de Borghetto.	Bonaparte.	Autrichiens.
31	1800	C. de Turbigo.	Murat.	Italiens.
	1809	C. N. de la Caroline.	Feretier.	Anglais.

11e *Tableau.*

JUIN.

DATE.		BATAILLE ou COMBAT.	GÉNÉRAL.	ENNEMIS.
1	1813	C. de Neukirchen.	Lauriston.	Autrichiens.
	1813	C. de Barnos.	Couroux.	Espagnols.
2	1799	C. de Geschenen.	Lecourbe.	Autrichiens.
	1800	P. de MILAN.	Masséna.	Autrichiens.
3	1800	P. de Pavie.	Lasnes.	Autrichiens.
	1796	P. de Véronne.	Bonaparte.	Autrichiens.
4	1796	C. près Mantoue.	Lasnes, Auger.	Autrichiens.
	1796	B. d'Altenkirchen.	Jourdan, Kléb.	Autrichiens.
5	1800	C. de Kirchberg.	Richepanse.	Autrichiens.
	1807	C. de Spanden.	Bernadotte.	Russes.
6	1793	C. de Château-Pignon.	Moncey.	Prussiens.
	1800	P. de Plaisance.	Murat.	Autrichiens.
7	1794	B. de la Jonquière.	Pérignon.	Espagnols.
	1800	C. de Broni.	Valhubert.	Autrichiens.
8	1807	C. de Wolfsdorf.	Soult.	Russes.
	1810	P. de Méquinenza.	Rogniat.	Espagnols.
9	1793	B. d'Arlon.	Delange.	Autrichiens.
	1800	B. de MONTÉBELLO.	Bonaparte.	Autrichiens.
10	1807	C. de Cuttstadt.	Napoléon.	Russes.
	1807	C. d'Heilsberg.	Napoléon.	Russes.
11	1793	B. de MAUBEUGE.	Jourdan.	Autrichiens.
	1809	C. de Saint-Ander.	Bonnet.	Espagnols.
12	1798	P. de Malte.	Bonaparte.	Anglais.
	1799	P. de Modène.	Macdonald.	Autrichiens.
13	1794	C. de Hooghlède.	Souham.	Autrichiens.
	1807	C. de Creutzbourg.	Milhaud.	Prussiens.
14	1800	B. de MARENGO.	Bonaparte.	Autrichiens.
	1807	B. de FRIEDLAND.	Napoléon.	Russo-Pruss.
	1809	B. de RAAB.	Eugène.	Autrichiens.
15	1796	C. de Wetzlar.	Lefebvre.	Autrichiens.
	1815	C. de Charleroy.	Napoléon.	Prussiens.

12ᵉ *Tableau.*

SUITE DE JUIN.

DATE.		BATAILLE ou COMBAT.	GÉNÉRAL.	ENNEMIS.
16	1799	P. de l'île St.-Vincent. Amér.	De Romain.	Anglais.
	1815	B. de Ligny.	Napoléon.	Prussiens.
17	1809	C. de Tarvis.	Abbé.	Tyroliens.
	1811	C. de Ronda.	Pécheux.	Espagnols.
18	1809	B. de Belchite.	Suchet.	Espagnols.
	1809	C. de Oviedo.	Bardet.	Espagnols.
19	1800	B. d'Hochstedt.	Moreau.	Autrichiens.
	1808	C. des Défilés de Saint-Paul.	Duhesme.	Espagnols.
20	1794	C. de l'Etoile.	Lemoine.	Espagnols.
	1799	C. de San-Guilano.	Moreau.	Autrichiens.
21	1800	C. de Nordlingen.	Ménard.	Autrichiens.
	1808	C. de Pesquera.	Moncey.	Espagnols.
22	1793	C. de la Montag. Louis XIV.	Servan.	Espagnols.
	1809	P. de Raab.	Lauriston.	Autrichiens.
23	1811	C. de Quintanilla.	Valleteaux.	Espagnols.
	1794	C. de la Croix des Bouquets.	Muller.	Espagnols.
24	1807	P. de Glatz.	Jér. Bonaparte.	Prussiens.
	1795	1ᵉʳ C. de Vado.	Laharpe.	Autrichiens
25	1796	C. de Nemulh.	Desaix.	Autrichiens.
	1795	C. de Melogne.	Masséna.	Aust.-Sard.
26	1794	B. de Fleurus.	Jourdan.	Alliés.
	1809	C. d'Alcabon.	Victor.	Espagnols.
27	1796	C. d'Appenwich.	Décamp.	Autrichiens.
	1800	C. d'Oberhausen.	Montrichard.	Alliés.
28	1811	P. de Tarragone.	Suchet	Espagnols.
	1812	P. de Wilna.	Bruyères.	Russes.
29	1796	P. du Fort de Milan.	Dépinay.	Italiens.
	1795	C. de Descara.	Villot.	Espagnols.
30	1796	C. sur la Sieg.	Ney.	Autrichiens.
	1809	C. sous Presbourg.	Davoust.	Autrichiens.

13ᵉ *Tableau.*

JUILLET.

DATE.		BATAILLE ou COMBAT.	GÉNÉRAL.	ENNEMIS.
1	1794	C. d'Ispigny.	Dubouquet.	Espagnols.
	1794	C. du Mont-Palissel.	Scherer.	Autrichiens.
2	1795	C. de San-Bernado.	Kellermann.	Aust.-Sard.
	1798	B. d'ALEXANDRIE.	Bonaparte.	Turcs.
3	1794	C. d'Hochstadt.	Michaud.	Autrichiens
	1808	C. de Cuenca.	Caulincourt.	Espagnols.
4	1796	C. de Salzberg.	Ney.	Autrichiens.
	1809	Passage du Danube.	Oudinot.	Autrichiens.
5	1796	B. de Rastadt.	Moreau.	Autrichiens
	1809	B. d'Enzersdorf.	Napoléon.	Autrichiens.
6	1801	C. N. d'Algésiras.	Linois.	Anglais.
	1809	B. de WAGRAM.	Napoléon.	Autrichiens.
7	1800	C. de Landshut.	Leclerc.	Autrichiens.
	1797	B. de Vallière.	Desfourneaux.	Anglais.
8	1793	C. d'Ost-Capelle.	Habert.	Autrichiens
	1796	C. d'Alpersbach.	Vandamme.	Autrichiens.
9	1796	B. d'Ettengen.	Moreau.	Saxons.
	1796	C. de Rutzbach.	Kléber.	Autrichiens.
10	1795	P. de Bruxelles.	Jourdan.	Autrichiens
	1798	C. de Kamanie.	Bonaparte.	Mamelucks.
11	1796	C. de Friedberg.	Kléber.	Autrichiens
	1809	C. de Znaim.	Marmont.	Autrichiens
12	1795	P. du camp d'Eybar.	Dessin.	Espagnols.
	1812	C. de Khanoli.	Capit. Vandois.	Russes
13	1798	B. de CHEBREISSE.	Bonaparte.	Mamelucks.
	1800	C. de Hanau.	Sainte-Suzanne.	Autrichiens.
14	1794	C. de Platzberg.	Moreau.	Autrichiens.
	1808	B. de MEDINA.	Bessière.	Espagnols.
15	1794	C. de la Montagne de Fer.	Kléber.	Autrichiens
	1809	B. de Santa-Fé.	Suchet.	Espagnols.
16	1793	C. de Mas de Serre.	Deflers.	Espagnols.

14ᵉ *Tableau.*

Suite de JUILLET.

DATE.		BATAILLE ou COMBAT.	GÉNÉRAL.	ENNEMIS
16	1794	P. de Namur.	Jourdan.	Autrichiens.
17	1808	P. de Bilbao.	Moncey.	Espagnols.
	1810	C. d'Aroca.	Vergès.	Espagnols.
18	1796	P. de Stuttgard.	Saint-Cyr.	Autrichiens.
	1800	C. de Gaimersheim.	Ney.	Autrichiens.
19	1794	C. de Tirlemont.	Jourdan.	Autrichiens.
	1794	P. de Nieuport.	Moreau.	Autrichiens.
20	1796	C. de Canstadt.	Taponnier.	Alliés.
	1798	B. des Pyramides.	Bonaparte.	Mamelucks.
21	1793	C. de St-Georges-d'Anw.	Beauharnais.	Autrichiens.
	1796	C. de Kœnigstein.	Moreau.	Autrichiens.
22	1796	C. de Gemunden.	Mortier.	Autrichiens.
	1798	Reprise du Caire.	Bonaparte.	Arabes.
23	1793	C. d'Irun.	Dugommier.	Espagnols.
	1799	C. de la vallée de Fenestrelles.	Championnet.	Aust.-Russ.
24	1794	C. de la vallée de Bastan.	Muller.	Espagnols.
	1799	Bataille d'Almeida.	Masséna.	Angl.-Port.
25	1799	B. d'Aboukir.	Bonaparte.	Turcs.
	1811	C. du Mont-Serrat.	Suchet.	Espagnols.
26	1809	B. de Santo-Domingo.	Victor.	Angl. Port.
	1812	C. d'Ostrovo.	Eugène.	Russes.
27	1794	P. de Liége.	Jourdan.	Autrichiens.
	1809	C. de Gaza-le-Gas.	Victor.	Angl.-Port.
28	1794	P. de l'île Catzand.	Moreau.	Hollandais.
	1809	P. de Talavera.	Victor.	Port.-Espag.
29	1795	C. de Pietri.	Laharpe.	Piémontais.
	1799	C. du L. Valterden.	Loison.	Autrichiens.
30	1795	C. du col d'Allareguy.	Digonnet.	Espagnols.
	1809	P. de l'île du Danube.	Gudin.	Autrichiens
31	1795	C. de Dissando.	Garnier.	Aust.-Sard.
	1812	C. de Jacoubovo.	Oudinot.	Russes.

15e *Tableau.*

AOUT.

DATE.		BATAILLE ou COMBAT.	GÉNÉRAL.	ENNEMIS.
1	1794	C. de Saint-Martial.	Muller.	Espagnols.
	1796	C. de Brescia.	Augereau.	Autrichiens.
2	1794	C. de Calvi.	Bonaparte.	Anglais.
	1812	C. de la Drissa.	Oudinot.	Russes.
3	1796	C. de Lonato.	Bonaparte.	Autrichiens.
	1796	C. d'Heidenheim.	Saint-Cyr.	Autrichiens.
4	1796	C. de Govardo.	Herbin.	Autrichiens.
	1796	C. de Bamberg.	Grenier.	Autrichiens
5	1796	C. de Giengen.	Saint-Cyr.	Autrichiens.
	1796	B. de CASTIGLIONE.	Bonaparte.	Autrichiens.
6	1796	C. d'Altendorf.	Kléber.	Autrichiens
	1796	C. de Peschiera.	Masséna.	Autrichiens.
7	1794	C. de Pellingen.	Moreau.	Autrichiens.
	1796	C. sur la Rednitz.	Kléber.	Autrichiens
8	1796	C. de Neresheim.	Lecourbe.	Autrichiens
	1794	P. de Trèves.	Ambert, Rend.	Autrichiens
9	1809	Passage du Tage.	Mortier.	Espagnols.
	1809	C. de Tolède.	Sébastiani.	Angl.-Esp.
10	1796	C. d'Eglingen.	Moreau.	Autrichiens.
	1811	C de Lasvertientes.	Latour-Maub.	Espagnols.
11	1795	C. de Montebaldo.	Masséna.	Autrichiens.
	1809	B. d'Almonacid.	Sébastiani.	Angl.-Esp.
12	1798	C. de Terracine.	Macdonald.	Italiens.
	1812	C. de Grodeczana.	Reynier.	Russes.
13	1794	B. du Boulou.	Dugommier.	Espagnols.
	1793	B. de Saint-Michel.	Desfourneaux.	Espagnols.
14	1799	C. d'Altorf.	Lecourbe, Pors.	Autrichiens
	1812	C. de Krasnoï.	Ney.	Russes.
15	1799	C. de Guechenen.	Lecourbe.	Suisses.
	1799	C. de Cosseïr.	Donzelot.	Anglais.
16	1799	C. d'Ober-Alp.	Lecourbe.	Autrichiens

16ᵉ *Tableau.*

Suite d'AOUT.

DATE.		BATAILLE ou COMBAT.	GÉNÉRAL.	ENNEMIS
16	1812	C. de Polotsk.	Oudinot.	Russes.
17	1796	B. de Sulzbach..	Jourdan.	Autrichiens.
	1812	B. de Smolensk.	Napoléon.	Russes.
18	1796	C. d'Amberg.	Jourdan.	Autrichiens.
	1799	B. du pont St.-Bernard	Championnet.	Coalisés.
19	1811	P. de Figuères.	Macdonald.	Espagnols.
	1812	C. de Valoutina.	Ney.	Russes.
20	1792	C. de Foutoy.	Lurkner.	Autr.-Pruss.
	1796	C. de Wolfering.	Collaud.	Alliés.
21	1813	C. du Bobert.	Napoléon.	Prussiens.
	1792	C. de Lannoy.	Lafayette.	Autrichiens
22	1796	C. de Teining.	Bernadotte.	Autrichiens.
	1796	C. de Landau.	Custine.	Autrichiens
23	1813	C. de Goldberg.	Gérard.	Alliés.
	1812	C. d'Uwiat.	Murat.	Russes.
24	1796	B. de Friedberg.	Moreau.	Autrichiens
	1795	2ᵉ C. de Limone.	Dallemagne.	Aust.-Sard.
25	1807	P. de Stralsund	Brune.	Suédois.
	1794	P. du fort de l'Ecluse.	Moreau.	Hollandais.
26	1795	C. de Saint-Barnouil.	Serrurier.	Piémontais
	1813	C. de Dresde.	Napoléon.	Russ.-Pruss
27	1798	B. de Castlebar.	Humbert.	Anglais.
	1813	B. de Dresde.	Napoléon.	Russ.-Pruss
28	1795	C. d'Altassio.	Chiappe. Mass.	Anglais.
	1793	P du C. du Mont-Louis.	Dagobert.	Espagnols.
29	1794	P. de Condé.	Schérer.	Autrichiens.
	1796	C. de Bamberg.	Bernadotte.	Alliés.
30	1795	C. du Mont-Genève.	Moulin.	Piémontais.
	1808	C. de Viniera.	Junot.	Anglais.
31	1795	C. de Lautosca.	Serrurier.	Piémontais
	1792	C. devant Montmédy.	Ligneville.	Autrichiens.

17° Tableau.

SEPTEMBRE.

DATE.		BATAILLE ou COMBAT.	GÉNÉRAL.	ENNEMIS.
1	1795	C. de la Cerise.	Kellermann.	Piémontais.
	1796	C. de Gelsenfeld.	Desaix.	Autrichiens.
2	1793	C. d'Aigue-Belle.	Le Doyen.	Piémontais
	1794	C. de Sandweiler.	Vincent.	Autrichiens
3	1796	B. de Roveredo.	Bonaparte.	Autrichiens.
	1796	C. de Serravale.	Bonaparte.	Autrichiens.
4	1796	C. de Bruschall.	Scherb.	Autrichiens.
	1812	B. de Golowino.	Compans.	Russes.
5	1794	P. du fort Kayserw.	Kléber.	Hollandais.
	1813	C. de Zahna.	Guilleminot.	Alliés.
6	1793	C. de Poperinghe.	Houchard.	Coalisés.
	1794	C. d'Aspe.	Robert.	Espagnols.
7	1796	C. de Primolano.	Augereau.	Autrichiens.
	1812	B. de la Moskowa.	Napoléon.	Russes.
8	1793	B. d'Hondschoote.	Houchard.	Coalisés.
	1796	B. de Bassano.	Bonaparte.	Autrichiens.
9	1798	C de la vallée de Stanz	Schawenberg.	Suisses.
	1813	C. de Dohna.	Napoléon.	Russo-Pruss
10	1793	C. d'Albanette.	Le Doyen.	Autrichiens.
	1813	C. de Dennewitz.	Lorges.	Alliés.
11	1793	C. de Turcoing.	Houchard.	Autrichiens.
	1812	C. de Zwenigrod.	Eugène.	Russes.
12	1793	C. de Bienwald.	Desaix.	Coalisés.
	1813	C. du C. d'Ordal.	Suchet.	Espagnols.
13	1798	C. de Sombat.	Verdier.	Arabes.
	1813	C. de Villafranca.	Suchet.	Anglais.
14	1794	C de Boxel.	Pichegru.	Anglais.
	1812	P. de Moskou.	Napoléon.	Russes.
15	1796	B. de Saint-Georges.	Bonaparte.	Autrichiens
	1810	C. de la Fuente.	Mortier.	Espagnols.
16	1799	C. de Sossano.	Compans.	Russes.

18ᵉ *Tableau.*

Suite de SEPTEMBRE.

DATE.		BATAILLE ou COMBAT.	GÉNÉRAL.	ENNEMIS
16	1813	C. de Beraun.	Gouvion St.-Cyr	Alliés.
17	1793	B. de Peyrestortes.	D'Aout.	Espagnols.
	1813	C. d'Arbesau.	Mouton-Duver.	Autrichiens.
18	1794	P. de Bellegarde.	Dugommier.	Espagnols.
	1797	2ᵉ C. de Governolo.	Bonaparte.	Autrichiens
19	1793	C. de Campo di Porto.	Masséna.	Aust.-Sard.
	1799	B. de Berghen.	Brune.	Aust.-Russ.
20	1792	B. de Valmy.	Kellermann.	Pruss.-Autr.
	1813	C. de Keinitz.	Mouton-Duver.	Autrichiens.
21	1794	C. de Cairo.	Dumerbion.	Aust.-Sard.
	1793	C. de Sterry.	Salinguet.	Espagnols.
22	1794	C. de Steckem.	Jourdan.	Coalisés.
	1799	B. de Diettickon.	Masséna.	Coalisés.
23	1794	P. de Crevecœur.	Delmas.	Hollandais.
	1796	C. de Governolo.	Bonaparte.	Autrichiens.
24	1799	C. de Limath.	Masséna.	Coalisés.
	1813	C. d'Altenbourg.	Lefèrre Desn.	Alliés.
25	1795	C. de Garressio.	Miollis.	Aust.-Sard.
	1813	C. de Mersebourg.	Lefèvre-Desn.	Alliés.
26	1794	C. d'Olia.	Charlet.	Espagnols.
	1799	B. de Zurich.	Masséna.	Aust.-Sard.
27	1792	P. de Nice.	Anselme.	Piémontais.
	1811	C. d'Alden del P.	Souham.	Anglais.
28	1798	C. de Miquemar.	Murat, Lanus.	Arabes.
	1799	C. de Glaris.	Molitor.	Aust.-Sard.
29	1793	C. des G. de Salan-ches.	Sarret.	Piémontais.
	1806	C. de Debilibritch.	Marmont.	Autrichiens.
30	1792	P. de Spire.	Custine.	Autrichiens
	1792	P. de Villefranche.	Anselme.	Piémontais.

19ᵉ *Tableau.*

OCTOBRE.

DATE.		BATAILLE ou COMBAT.	GÉNÉRAL.	ENNEMIS.
1	1806	C. de Castelnovo.	Marmont.	Russes.
	1812	C. de Garosen.	Grandjean.	Russes.
2	1794	B. d'Aldenhoven.	Jourdan.	Autrichiens.
	1796	B. de Riberach.	Moreau.	Autrichiens.
3	1795	C. de Borghetto.	Victor.	Aust.-Sard.
	1795	C. de Kostheim.	Championnet.	Coalisés.
4	1792	P. de Worms.	Neuwinger.	Autrichiens.
	1812	C. de Winhowo.	Murat.	Russes.
5	1793	C. de Saint-Maurice.	Kellermann.	Piémontais.
	1812	C. de Dmitrow.	Delzons.	Russes.
6	1799	B. d'Alkmaer.	Brune.	Angl.-Russ.
	1799	B. de Kastricum.	Brune.	Angl.-Russ.
7	1798	B. de Sédiman.	Desaix.	Mamelucks.
	1798	C. du Pont du Lech.	Murat.	Autrichiens.
8	1805	C. de Wertingen.	Murat.	Autrichiens.
	1806	C. de Saalbourg.	Murat.	Prussiens.
9	1805	C. de Guntzbourg.	Baraguay-d'Hil.	Alliés.
	1805	C. d'Aicha.	Soult.	Autrichiens.
10	1805	C. de Saalfeld.	Lasnes.	Prussiens.
	1813	C. de Wéthau.	Augereau.	Alliés.
11	1805	C. de Lanostberg.	Soult.	Autrichiens.
	1806	C. de Géra.	Lasalle.	Prussiens.
12	1805	B. d'ELCHINGEN.	Napoléon.	Autrichiens.
	1805	C. d'Albeck.	Dupont.	Alliés.
13	1805	P. de Memmingen.	Soult.	Autrichiens.
	1811	C. de Saint-Roch.	Sémélé.	Espagnols.
14	1795	C. de Novalaise.	Pouget.	Piémontais.
	1806	B. d'IÉNA.	Napoléon.	Prusso-Sax.
15	1793	B. de Wattignies.	Carnot, Jourd.	Coalisés.
	1806	P. d'Erfurt.	Murat.	Prussiens.
16	1804	C. de Neresheim.	Murat.	Autrichiens.

20e *Tableau.*

Suite d'OCTOBRE.

DATE.		BATAILLE ou COMBAT.	GÉNÉRAL.	ENNEMIS.
16	1813	B. de Wachau.	Napoléon.	Alliés.
17	1804	P. d'Ulm.	Napoléon.	Autrichiens.
	1813	C. de Rackintz.	Saint-Cyr.	Russes.
18	1794	B. de Worms.	Michaud.	Autrichiens.
	1805	C. de Nordlingen.	Belliard.	Alliés.
19	1793	C. de Gillette.	Dugommier.	Aust.-Sard.
	1800	P. d'Arrezzo.	Monnier.	Italiens.
20	1806	P. de Wittemberg.	Davoust.	Prussiens.
	1810	C. de Fresno et Grado.	Valleteaux.	Espagnols.
21	1792	P. de Francfort.	Neuwenger.	Autrichiens.
	1796	C. de Neuwied.	Kléber.	Autrichiens.
22	1793	C. de Commines.	Macdonald.	Coalisés.
	1809	C. de Navia.	Ornano.	Espagnols.
23	1793	C. de Menin.	Souham.	Hanovriens.
	1794	P. de Coblentz.	Marceau.	Autrichiens.
24	1799	C. de Basco.	Saint-Cyr.	Autrichiens.
	1812	C. de Maloiaroslavetz.	Eugène.	Russes.
25	1811	B. de Sagonte.	Suchet.	Espagnols.
	1812	C. de Duenas.	Souham.	Anglais.
26	1806	C. de Zehdenick.	Murat.	Prussiens.
	1811	P. du fort de Sagonte.	Suchet.	Espagnols.
27	1799	C. de Mondovi.	Lemoine.	Autrichiens.
	1805	C. du Ried.	Montbrun.	Alliés.
28	1805	B. de Vérone.	Masséna.	Autrichiens.
	1806	P. de Beaux.	Napoléon.	Prussiens.
29	1799	C. du Bosolin.	Duhesme.	Autrichiens
	1806	P. de Stettin.	Lasalle.	Prussiens.
30	1805	C. de Caldiero.	Masséna.	Autrichiens
	1813	B. de Hanau.	Napoléon.	Bavarois.
31	1805	C. de Lambach.	Murat.	Aust.-Russ.
	1813	C. Kintzig.	Bertrand.	Bavarois.

21ᶜ *Tableau.*

NOVEMBRE.

DATE.		BATAILLE ou COMBAT.	GÉNÉRAL.	ENNEMIS.
1	1806	C. de Jakel.	Bernadotte.	Prussiens.
	1809	C. de Santa-Colonna.	Soubam.	Espagnols.
2	1805	C. de Mondovi.	Séras.	Autrichieus.
	1812	C. de Viasma.	Eugène.	Russes.
3	1796	C. de Segonzano.	Vaubois.	Autrichieus.
	1806	P. de Scheitz.	Bernadotte.	Prussiens.
4	1792	C. de Bossu.	Dampierre.	Autrichiens.
	1794	P. de Maëstricht.	Kléber.	Coalisés.
5	1805	P. de Vicence.	Solignac.	Autrichiens.
	1811	C. de Barnos.	Sémélé.	Espagnols.
6	1792	B. de JEMMAPES.	Dumouriez.	Autrichiens.
	1806	B. de Lubeck.	Bernadotte.	Prussiens.
7	1805	C. d'Amstetten.	Murat.	Aust.-Russ.
	1805	P. d'Inspruck.	Ney.	Prussiens.
8	1805	C. de Marienzett.	Heudelet.	Russes.
	1806	P. de Magdebourg.	Ney.	Prussiens.
9	1792	C. de Limbourg.	Houchard.	Prussiens.
	1794	P. d Nimègue.	Souham.	Hollandais.
10	1808	C. d'Espinosa.	Victor.	Espagnols.
	1808	C. de Burgos.	Soult.	Espagnols.
11	1796	C. de Saint-Martin.	Augereau.	Autrichiens.
	1805	C. de Durstein.	Mortier.	Russes.
12	1796	C. de Caldiero.	Masséna.	Autrichiens.
	1805	C. du Tagliamento.	D'Espagne.	Autrichiens.
13	1792	C. d'Anderlecht.	Dumouriez.	Autrichiens.
	1805	C. de Neustarek.	Ney.	Autrichiens.
14	1793	C. de la Madelaine.	Sarret.	Piémontais.
	1805	P. de VIENNE.	Napoléon.	Autrichiens.
15	1796	B. d'Arcole.	Bonaparte.	Autrichiens.
	1813	2ᵉ C. de Caldiero.	Eugène.	Autrichiens.
16	1800	C. de Hollabrum.	Bonaparte.	Russes.

22ᵉ *Tableau.*

Suite de NOVEMBRE.

DATE.		BATAILLE ou COMBAT.	GÉNÉRAL.	ENNEMIS.
16	1805	C. de Guntersdorff.	Murat.	Russes.
17	1792	P. de Malines.	Stengel.	Autrichiens.
	1795	C. de Bliescastel.	Hoche.	Prussiens.
18	1809	C. d'Ocana.	Sebastiani.	Espagnols.
	1812	Attaque du fort de Burgos.	Dubreton.	Anglais.
19	1809	B. d'Ocana.	Mortier.	Espagnols.
	1810	C. de Falset.	Habert.	Espagnols.
20	1794	Bataille de la Montagne Noire.	Pérignon.	Espagnols.
	1805	C. d'Olmutz.	Walther.	Autrichiens.
21	1806	P. de Hambourg.	Mortier.	Anglais,
	1796	C. de Rivoli.	Masséna.	Autrichiens
22	1795	C. de Kehl.	Moreau.	Autrichiens.
	1812	C. de Niéwatilza.	Oudinot.	Russes.
23	1795	B. de Loano.	Masséna.	Aust.-Sard.
	1806	B. de Tudella.	Lasnes.	Espagnols.
24	1805	C. de Piombino.	Reynier.	Autrichiens.
	1812	C. de Borisov.	Oudinot.	Russes.
25	1812	B. de la Bérésina.	Napoléon.	Russes.
	1813	P. de Ferrare.	Decouchy.	Italiens.
26	1795	C. d Intropa.	Serrurier.	Aust.-Sard.
	1806	C. de Lowiez.	Beaumont.	Portugais.
27	1792	B. de Liége.	Dumouriez.	Autrichiens.
	1795	C. de Spinardo.	Serrurier.	Autrichiens.
28	1794	C. de Bergara.	Moncey.	Autrichiens
	1809	B. d'Alba de Tormes.	Kellermann.	Espagnols.
29	1808	B. de Somo-Sierra.	Napoléon.	Espagnols.
	1810	C. de Miranda.	Valletaux.	Espagnols.
30	1807	P. de Lisbonne.	Junot.	Portugais.
	1805	C. de Ried.	Murat.	Autrichiens.

23ᵉ *Tableau.*

DÉCEMBRE.

DATE.		BATAILLE ou COMBAT.	GÉNÉRAL.	ENNEMIS.
1	1806	P. de Glogaw.	Jér. Bonaparte.	Prussiens.
	1795	C. de Kreutnach.	Jourdan.	Autrichiens.
2	1792	C. de Sospello.	Dagobert.	Autrichiens.
	1805	B. d'Austerlitz.	Napoléon.	Autrichiens.
3	1801	B. de Hohenlinden.	Moreau.	Autrichiens.
	1808	C. du Retiro.	Vilatte.	Espagnols.
4	1798	C. de Civita-Castellana.	Macdonald.	Napolitains.
	1808	P. de Madrid.	Napoléon.	Espagnols.
5	1800	C. d'Himmelsfort.	Dumonceau.	Alliés.
	1800	C. de Macaria.	Calvin.	Autrichiens.
6	1806	P. de Thorn.	Ney.	Prussiens.
	1798	C. d'Otricoli.	Math'eu.	Napolitains.
7	1794	C. de Gatzelu.	Harriet.	Espagnols.
	1800	C. de Fontana.	Sully.	Alliés.
8	1792	P. d'Aix-la-Chapelle.	Dumouriez.	Autrichiens.
	1808	C. près St-Domingue.	Ausenac.	Espagnols.
9	1793	C. d'Awensdorff.	Hoche.	Coalisés.
	1800	P. de Calvi.	Macdonald.	Napolitains.
10	1800	C. d'Atteingen.	Barbou.	Alliés.
	1813	C. de Bassussary.	Soult.	Angl.-Russ.
11	1798	C. de Cantalupo.	Macdonald.	Napolitains.
	1806	C. de Ponrikuwo.	Davoust.	Russes.
12	1800	C. d'Ingolstadt.	Levasseur.	Alliés.
	1800	C. de Lauffen.	Decaen.	Autrichiens.
13	1795	B. de la Bidassoa.	Muller.	Espagnols.
	1800	Passage de la Saal.	Lecourbe.	Autrichiens.
14	1799	C. de Hory.	Gouvion S.-Cyr.	Italiens.
	1800	2ᵉ C. du Waal.	Lecourbe.	Autrichiens.
15	1793	C. de Marsal.	Bonneau.	Autrichiens.
	1800	B. de Nuremberg.	Augereau.	Autrichiens.
16	1800	C. d'Hersdorf.	Richepanse.	Autrichiens.

24ᵉ Tableau.

Suite de DÉCEMBRE.

DATE.		BATAILLE ou COMBAT.	GÉNÉRAL.	ENNEMIS.
16	1800	C. de Cardelou.	Gouv. St.-Cyr.	Espagnols.
17	1798	P. d'Aquila.	Championnet.	Napolitains.
	1800	C. de Frankenmark.	Richepanse.	Autrichiens.
18	1792	C. de Tirlemont.	Jourdan.	Autrichiens.
	1793	C. de Schop.	Saint-Cyr.	Autrichiens.
19	1793	P. de Toulon.	Dugommier.	Angl.-Esp.
	1806	C. de Kikol.	Bessière.	Russes.
20	800	C. de Kremsmuster.	Moreau.	Autrichiens.
	1815	C. de Castagnaro.	Eugène.	Autrichiens
21	1793	C. de Hagu nau.	Hoche.	Aust.-Prus.
	1800	C. de Neukirchen.	Augereau.	Alliés.
22	1793	C. de Frescheweiller.	Hoche.	Autrichiens.
	1812	C. de Roncal.	Abbé.	Espagnols.
23	1798	P. de Rome.	Championnet.	Italiens.
	1806	C. de Czarnovo.	Napoléon.	Russes.
24	1809	C. de Cerveira.	Digeon.	Espagnols.
	1806	C. de Kursomb.	Augereau.	Russes.
25	1800	C. de Pozzolo.	Dupont.	Autrichiens.
	1812	C. d'Almunia.	Serveroli.	Espagnols.
26	1793	B. de Geisberg.	Hoche.	Aust.-Pruss.
	1806	B. de Pultusch.	Lasnes.	Russes.
27	1794	P. de l'île de Bomel.	Pichegru.	Hollandais.
	1806	C. de Soldau.	Marchand.	Russes.
28	1793	C. du fort St.-André.	Daendels.	Hollandais.
	1794	P. de Grave.	Salm.	Hollandais.
29	1800	C. de Ramutz.	Baraguay d'Hil.	Autrichiens.
	1810	C. près Tortose.	Habert.	Espagnols.
30	1800	C. de Graffenberg.	Sainte-Suzanne.	Alliés.
	1838	C. de Mancilla.	Soult.	Espagnols.
31	1808	P. de Léon.	Soult.	Espagnols.
	1800	C. de Lauff.	Pacthod.	Autrichiens.

INAUGURATION DE LA STATUE DE L'EMPEREUR NAPOLÉON.

La révolution de 1830 nous avait rendu le drapeau dont les couleurs brillèrent d'un si glorieux éclat sur la France républicaine et la France impériale. Une réparation était due à la colonne, elle revendiquait la statue de son fondateur, qu'une populace ameutée par les émigrés et les étrangers avait brutalement arrachée de son faîte, dans des jours de revers. Le roi de notre choix, qui connaît les besoins des Français, avait, quelque temps après son avènement, ordonné le rétablissement de cette statue. Un concours fut ouvert. Le modèle choisi par la commission fut celui représenté par notre gravure. L'auteur, M. Seurre, s'est attaché à reproduire textuellement le Napoléon populaire, tel qu'il est universellement connu, avec son allure toute particulière, avec la forme et la pose de son chapeau et de tout son costume, avec ses gestes familiers, de manière que le peuple, contemplant la statue au sommet de la colonne peut dire : *Oh! c'est bien lui!* La colonne a été fondue avec les 1200 pièces de canon prises sur les armées russes et autrichiennes pendant la campagne de 1805. Le bronze employé à cette colonne pèse 1,800,000 livres ; elle a été faite à l'imitation de la fameuse colonne d'Antonin, à Rome. Érigée à la gloire de la grande armée, elle fut fondée en 1806 et terminée en 1810. Sa hauteur est de 118 pieds, et non compris le piédestal ; son diamètre est de 12 pieds ; sa fondation a 30 pieds de profondeur. Elle a été assise sur le pilotis établi pour la statue équestre de Louis XIV qu'elle remplace.

Le piédestal de la colonne a 21 pieds et demi d'élévation. Les quatre faces du piédestal présentent en bas-relief des trophées d'armes, composés de canons, mortiers, obusiers, boulets, carabines, timbales, drapeaux, casques et vêtemens militaires. Au-dessus du piédestal, et sur une espèce d'attique, se dessinent des festons de chêne, soutenus aux quatre angles par autant d'aigles en bronze, pesant chacun 500 livres. Le fût de la colonne est couvert d'une suite de tableaux en bas-relief et en bronze, disposés en spirale, et qui représentent les plus beaux exploits de la campagne de 1805, depuis le départ des troupes du camp de

Boulogne jusqu'à la conclusion de la paix après la bataille d'Austerlitz.

Les bandes de bronze sur lesquelles sont ces tableaux en bas-relief ont 3 pieds 8 pouces de haut, et
sont séparées entre elles par un cordon sur lequel est
inscrite l'action représentée dans le tableau au-dessus.

On a pratiqué dans l'intérieur de la colonne un es-
calier à vis, composé de 176 marches, et par lequel
on monte à la galerie. Au-dessus du chapiteau s'élève
une forme circulaire ou espèce de lanterne terminée
en dôme. Sur la partie de cette lanterne qui fait face
aux Tuileries, on lit l'inscription suivante :

« Monument élevé à la gloire de la grande armée,
« commencé le 25 août 1810, sous la direction de
« M. Denon, directeur-général, de M. G.-B. Lepère
« et de M. Gondouin, architectes. »

C'est sur le sommet de ce dôme qu'était placée l'ancienne statue de Bonaparte. Cette statue était de
Chaudet, sculpteur de Napoléon : elle avait dix pieds
de hauteur, et pesait 5,112 livres ; Bonaparte était représenté en empereur romain, avec le manteau et la
couronne de laurier. Elle resta seulement pendant
cinq ans sur le faîte de la colonne; au mois de mai 1814,
les alliés et les royalistes l'en firent descendre. Depuis,
elle a été fondue.

M. Seurre a reproduit l'extérieur de Bonaparte avec
la plus scrupuleuse et la plus minutieuse vérité histo-
rique.

Le général Bertrand a bien voulu lui livrer la garde-
robe de l'empereur, et l'on peut contempler le chapeau,
le frac militaire, les épaulettes, la redingote à revers,
les bottes à l'écuyère, les éperons d'or, et même la lor-
gnette, tels que les portait le grand homme le jour
même de la bataille d'Austerlitz. M. Seurre a même
pu copier l'épée attachée au flanc de Bonaparte dans
cette journée mémorable ; si jamais l'épée d'Austerlitz
se perd, on la retrouvera là en bronze, au sommet de
la colonne. Depuis le concours de 1831, M. Seurre a
modifié un détail important de son ouvrage : la statue
n'a plus cette espèce de tronc d'arbre, qu'on aperçoit
encore dans la gravure, qui cachait la jambe de Bonaparte, et lui donnait, de loin et par derrière, l'apparence d'un invalide ; M. Seurre a eu l'heureuse idée de

remplacer ce tronc par trois boulets et une bombe ; de plus, la redingotte descend davantage. Voici ce qui nécessite la présence de ces boulets : On avait remarqué que le ciel, qui de très-loin apparaissait entre les jambes de l'ancienne statue, les rendait presque imperceptibles, et donnait à la statue l'apparence d'un cerf-volant suspendu par deux ficelles ; c'est pour neutraliser cet effet désagréable que M. Seurre a été obligé de cacher, le plus naturellement possible, l'espace vide entre les jambes.

Cette statue a 12 pieds de hauteur ; l'ancienne, qui n'en avait que 10, paraissait petite et grêle. M. Seurre a obtenu du ministre de la guerre seize pièces de canon qui se trouvaient dans l'arsenal de Metz, et provenaient, comme le bronze de la colonne, des conquêtes faites sur les Russes et les Autrichiens dans la campagne de 1805. Ces seize pièces de canon ont servi à fondre la statue ; elle a été coulée d'un seul jet, à la fonderie du Roule, par M. Crozatier, d'où elle est sortie le 20 juillet à 2 heures du matin, en passant par les Champs-Élysées ; et à 6 heures du matin, elle était arrivée à la place Vendôme. Mais ce n'est qu'à midi et demi que la statue a été placée au sommet de la colonne ; le tout d'après les plans de M. Hitorff. Elle est restée voilée jusqu'au 28, où elle a été découverte aux acclamations unanimes d'une population immense qui encombrait la place Vendôme et ses environs. S. M., qui avait à ses côtés un grand nombre d'anciens officiers de la garde impériale, s'apercevant de la douleur qu'éprouvaient ces braves à la vue du héros, et qui n'osaient répéter les bravos qui éclataient de toutes parts, fit un pas en avant, se découvrit, et s'inclinant respectueusement, cria de tout cœur : *Vive l'Empereur!* Ce vivat, l'on doit penser, fut réitéré à plusieurs reprises.

On a aussi gravé sur la plinthe de la statue le nom de M. Seurre, statuaire ; celui du fondeur et l'inscription suivante :

Le 28 juillet 1833, anniversaire de juillet, l'an 3e du règne de Louis-Philippe Ier, roi des Français, par ordonnance du 8 juillet, la statue de Napoléon a été replacée sur la colonne de la Grande Armée, M. Thiers étant ministre du commerce et des travaux publics.

L'Enfant de la Vieille Garde.

Il y a bientôt deux ans, j'étais chez l'un de nos plus célèbres généraux ; c'était le soir, et quoique ce ne fût pas un jour de réception, quelques personnes étaient venues lui faire visite. Nous étions assis autour du feu, et nous causions tout-à-fait intimement, lorsqu'on annonça M. Louis Jacquot, et nous vîmes entrer un jeune officier de marine de la tournure la plus distinguée. La singularité de ce nom contrastait tellement avec l'élégance de ses manières, et l'accueil que lui firent le général et sa femme fut si affectueux, que l'attention de tout le monde se porta sur lui. Ce mouvement amena un examen de sa personne qui lui fut en tout favorable, car M. Jacquot était un beau jeune homme de vingt-deux ans tout au plus. Il avait ce teint brun qu'on gagne à la mer, l'œil noir et grand, et l'air franc et décidé d'un brave garçon. Ce qui n'était pas moins remarquable que sa personne, c'était sa toilette. Quoiqu'il soit difficile de faire grand étalage d'élégance avec un uniforme d'enseigne, cependant celui de M. Jacquot était si bien taillé et si étroitement agrafé, qu'il était impossible de ne pas s'en apercevoir. Il fallait que ce jeune officier eût en lui quelque chose de bien intéressant, car cette inspection qu'on fait d'une personne qui entre dans un salon se prolongea pour lui plus long-temps que cela n'arrive de coutume, et par un hasard assez ordinaire, les regards de chacun s'arrêtèrent sur une partie de son costume tout-à-fait en désaccord avec le reste. En effet, à son chapeau d'un feutre noir et bien lustré, que M. Jacquot tenait à la main, était attachée une vieille cocarde véritablement flétrie et crasseuse. Le général s'aperçut de cette observation, il la fit remarquer tout bas à sa femme, qui lui répondit par un doux sourire, et M. Jacquot, qui vit ce mouvement, devint rouge jusqu'au blanc des yeux. Ce n'était pas le rouge de la honte ni de la confusion qui monta au visage du jeune officier, mais celui d'un modeste embarras ; et le général le voyant ainsi troublé, lui tendit la main en lui disant : « Tu es un brave garçon, Louis. » La femme du général lui tendit aussi sa main, que le jeune officier baisa avec une effusion de respect et de tendresse.

Cette petite scène nous avait tous intéressés, mais personne ne songeait à en demander l'explication. Cependant l'arrivée de ce jeune homme avait interrompu la conversation, et chacun semblait embarrassé de la reprendre, lorsqu'un vieil officier, qui, toute la soirée, était demeuré assez silencieux, se lève tout-à-coup et dit d'une voix rude au général : « C'est donc là votre Jacquot, mon général, et voilà la vraie cocarde ! » Et sans attendre de réponse, il prit le chapeau des mains du jeune homme, et se mit à le considérer attentivement : on eût dit qu'il avait envie de l'embrasser, et une larme roula de son œil sur sa moustache, pendant qu'il le regardait. Ce nouvel incident détermina la curiosité de chacun ; on se leva, on examina cette mystérieuse cocarde, et quelques personnes s'étant approchées du général, elles lui demandèrent l'explication de tout cela. « Ah ! dit-il, c'est une histoire assez simple ! — C'est une histoire magnifique ! reprit le vieil officier ; si madame la générale voulait la raconter à ces messieurs et à ces dames, je suis sûr que ça les ferait fondre en larmes. » On insista ; le général consentit : le jeune officier se résigna à être ainsi mis en scène, et voici ce qui nous fut raconté :

« Lors de l'entrevue de Napoléon avec Alexandre, le premier de ces deux empereurs voulant montrer à l'autre les troupes qui l'avaient vaincu, une grande revue eut lieu. Napoléon parcourait avec complaisance les rangs de sa garde impériale, lorsqu'il s'arrêta tout-à-coup devant un grenadier qui avait au visage une cicatrice qui partait du front et descendait jusqu'au milieu de la joue. Il le regarda un moment avec orgueil, et le désignant du doigt à l'empereur Alexandre :

« Que pensez-vous, lui dit-il, des soldats qui peuvent résister à de pareilles blessures ?

« — Que pensez-vous des soldats qui les ont faites ? répondit Alexandre avec une heureuse présence d'esprit.

« — Ceux-là sont morts, » dit le vieux grenadier d'une voix grave, se mêlant par ce mot sublime à la conversation des deux plus puissans monarques du monde.

« Alexandre, dont la question avait embarrassé Napoléon, se tourna alors vers lui, et lui dit avec courtoisie : « Sire, vous êtes partout vainqueur.

« — C'est que la garde a donné, » répondit Napoléon en faisant un geste de remercîment à son grenadier.

« Quelques jours après cette revue, Napoléon se promenait dans les quartiers de sa garde, pensant peut-être à la conquête de l'Espagne, ou peut-être au vieux grenadier qui l'avait tiré d'embarras, lorsqu'il l'aperçut assis sur une pierre, les jambes croisées l'une sur l'autre, et faisant danser sur son pied un petit marmot d'un an tout au plus. L'empereur s'arrêta devant lui; mais le vieux soldat ne se leva pas de son siége, et il lui dit seulement :

« Pardon, Sire, mais si je me levais, Jacquot crierait comme un fifre du roi de Prusse, et ça contrarierait Votre Majesté.

« — C'est bien! dit Napoléon. Tu t'appelles Jacques?

« — Oui, mon empereur; Jacques. C'est de ça qu'on nomme le petit Jacquot.

« — C'est ton fils?

« — Hum! mon empereur, sa mère était une brave cantinière à qui un coquin de houlan donna, il y a deux mois, un coup de sabre sur la nuque, pendant qu'elle versait une goutte d'eau-de-vie à un pauvre ancien, son mari, qui venait d'avoir une jambe emportée. Ça fait qu'elle est morte et que l'enfant est orphelin.

« — Et tu as adopté l'enfant, dit l'empereur.

« — Moi et les autres. Nous l'avons trouvé dans le sac de sa mère, qui ne bougeait plus, rageant comme un cavalier à pied, et l'estomac vide comme les coffres du roi d'Espagne. L'ancien, qui soufflait encore un peu, nous a conté comme quoi sa mère avait été tuée au service de V. M. Alors nous avons tous adopté le petit; et comme c'est moi qui l'avais aperçu le premier, c'est moi qu'on a chargé de son avancement.

« Napoléon considéra un moment le grenadier, qui continuait à donner à Jacquot une leçon d'équitation sur son pied, puis il lui dit :

« Je te dois quelque chose, Jacques.

« — A moi, mon empereur? Vous m'avez donné la croix pour cette balafre ; c'est moi qui vous dois du retour.

« — C'est, reprit Napoléon, pour ce que tu as dit à l'empereur Alexandre.

« — Je ne lui ai rien dit de malhonnête à cet empereur ! Est-ce qu'il s'est plaint de moi, par hasard ?

« — Non assurément, dit Napoléon ; car je veux te récompenser. Voyons, que désires-tu ?

« — Ma foi, répondit Jacques, je n'ai besoin de rien ; mais puisque vous voulez me faire une amitié, donnez quelque chose à ce petit : ça lui portera bonheur.

« — Bien volontiers, dit l'empereur. Et Jacques se leva, prit l'enfant sur son bras, et s'approcha pendant que Napoléon cherchait dans ses poches un objet à donner à cet enfant. Il n'y trouva que quelques pièces d'or, qu'il y remit bien vite, car ce n'était pas avec cette monnaie qu'il avait gagné le cœur des soldats. Il chercha de nouveau sans rien trouver que des papiers. Enfin, il ne savait trop que faire, lorsqu'il découvrit sa tabatière dans un coin de son gilet, et il la tendit au grenadier. Jacques se mit à rire en regardant la boîte et en disant :

« Cette bêtise ! donner une tabatière à un enfant qui ne fume même pas !

« L'empereur allait répliquer, lorsqu'il sentit que l'on tirait son chapeau, et vit que l'enfant, qui était sur le bras du grenadier, avait glissé sa main dans la ganse, et qu'il jouait avec la cocarde.

« Tenez, Sire, dit le grenadier, le petit est plus fin que nous deux ; il fait comme V. M., il prend ce qui lui convient.

« — Eh bien ! reprit l'empereur, qu'il la garde. » Et lui-même ayant arraché la cocarde de son chapeau, il la remit à l'enfant, à qui Jacques dit en le faisant danser dans ses bras : « Allons, fais voir à S. M. que tu sais parler. » Et l'enfant, riant et frappant les mains l'une contre l'autre, bégaya doucement ce mot : *Vive l'empereur !*

« Depuis ce jour, Jacques fit beaucoup de voyages ; il revint à Paris, alla à Madrid, retourna à Vienne, poussa jusqu'à Moscou, et accompagna Napoléon à l'île d'Elbe. Jacquot était de toutes les campagnes, tantôt en mesurant son petit pas sur les grandes enjambées des grenadiers de la garde, tantôt porté avec les bagages, quelquefois à califourchon sur le sac du grognard. Il avait un petit sabre, un bonnet de police qu'il mettait déjà sur l'oreille, et jouait du fifre comme un rossignol ; et Jacques, qui aimait et honorait Napoléon comme on aime sa mère et son pays, avait appris à Jacquot à l'aimer et à l'honorer de même. Cependant le grenadier était bien embarrassé de la façon dont il ferait porter la cocarde à l'enfant : mais une idée lui vint de l'enfermer dans un médaillon, qu'il suspendit à son cou en lui disant : « Ecoute, Jacquot, tu feras ta prière du soir et du matin sur cette relique, ou je te fais manger ta bouillie sans souffler dessus. » Ce qui fut dit fut fait, et pendant huit ans, soir et matin, Jacquot s'agenouillait devant sa cocarde, priait pour son père Jacques et pour l'empereur.

« Ce temps, ces huit années suffirent pour faire monter la France au comble de la gloire et de la puissance, et pour la plonger dans les revers. Napoléon fut exilé à Sainte-Hélène, et l'armée fut licenciée. Le pauvre Jacques fut renvoyé, comme les autres, avec ses trois chevrons, sa croix et son pauvre Jacquot. Louis, qui avait alors neuf ans, et qui commençait à comprendre le malheur, m'a bien souvent raconté que ce qui le frappait le plus, c'était de voir son brave père qui avait fait, quelques mois avant, des marches forcées de quinze à vingt lieues par jour, le fusil, la giberne et le sac sur le dos, tomber presque mourant de fatigue au bout de quelques heures de route, à présent qu'il ne portait plus qu'un petit paquet de hardes et un misérable bâton. Il s'affaiblissait chaque jour. Souvent ils passaient la nuit dans de pauvres étables ; Jacquot ramassait les brins de paille que laissaient traîner les garçons d'écurie, pour en couvrir le vieux grenadier. Il le veillait chaque nuit, et lui donnait la moitié des morceaux de pain qu'il obtenait de la charité des maîtres d'auberge. Mais enfin la faiblesse de Jacques devint si grande, qu'ils furent forcés de s'arrêter dans une hutte abandonnée, où le malheureux soldat, vaincu par la douleur, laissa échapper comme malgré lui ces mots : « Jacquot, un peu d'eau-de-vie, ou je meurs. » Le pauvre enfant se prit à pleurer de toutes ses forces, puis il alla se mettre sur le bord du chemin, et essaya de demander l'aumône ; mais il n'obtint rien, et il se désespérait tout-à-fait, lorsqu'une idée lui vint tout-à-coup, une idée comme le malheur en inspire ; il se mit à genoux, tira son médaillon de sa poitrine, et se mit à crier en sanglotant : « Mon Dieu ! mon Dieu ! donnez-moi de l'eau-de-vie pour le père Jacques, » et il répétait sans cesse et en suffoquant à force de pleurer : « Mon Dieu ! donnez-moi de l'eau-de-vie pour le père Jacques ! » En ce moment, un monsieur s'approcha de Jacquot ; il interrogea l'enfant, qui, à travers ses larmes, lui raconta son histoire, et qui finit par lui dire : « Le père Jacques m'a défendu de jamais me séparer de cette cocarde ; il m'a dit qu'elle me protégerait, que c'était mon bien ; et je me ferais couper un bras plutôt que de la perdre : cependant, si vous voulez m'en donner un sou, prenez-la ; j'achèterai de l'eau-de-vie au père Jacques. » L'étranger attendri répondit à l'enfant : « Celui que tu as imploré a laissé en France quelques vieux soldats qui partageront ses bienfaits avec leurs vieux compagnons. Mène-moi près de Jacques. »

« — Cet homme bienfaisant, s'écria le jeune officier de marine en interrompant le récit de la femme du général, cet homme bienfaisant me prit dans ses bras, moi pauvre mendiant. Il fit transporter Jacques dans son château ; il le rendit à la vie ; il lui assura une existence, et me fit élever, moi orphelin, comme son fils, et chaque jour il m'accable de ses bienfaits ! » Et le jeune marin se prit à pleurer en disant ces paroles : et comme le général et sa femme lui tenaient les mains, ses larmes roulaient sur sa belle figure, et le général s'écria à son tour :

« Tu ne finis pas l'histoire, Louis ; tu oublies de dire que je te promis de te rendre ta cocarde le jour où tu reviendrais avec une épaulette gagnée comme nous gagnions les nôtres ; et, vous le voyez, la cocarde est à son chapeau ; car Louis était à la prise d'Alger, et son capitaine, qui l'avait pris aspirant, me l'a renvoyé enseigne. »

IMPRIMERIE DE BACQUENOIS, COSSE ET APPERT,
Rue Christine, n° 2.

www.ingramcontent.com/pod-product-compliance
Lightning Source LLC
Chambersburg PA
CBHW051316060726
47596CB00004B/1340